Pier Pia Paul Zellin

AF235570

m...OM...ent

Das Leben nach dem spirituellen Burnout

© www.burnoutyoga.de

Paul Zellin, geb. 6.1.1947 in New York, spielte bis in die 80er-Jahre hinein in San Francisco (Kalifornien) eine wichtige Rolle als weltweit bekannter Guru der späten 60er im Rahmen des Human Potential Movement. Nach der Auflösung seiner Sekte gründete er eine Restaurantkette und lebt heute zurückgezogen in Tamalpais Valley, wo er als 5-Sterne-Koch inkognito neue Gerichte für seine NoYogaFood-Filialen kreiert.

Pia & Pier Zellin, geb. 9.9.1974 in Berlin. Als Kinder eines Gurus lernten sie schon früh den "Zirkus um die Erleuchtung" in der Spiriszene kennen und wurden gezwungen zu meditieren. Seit 2014 fungierte Pier als Pressesprecher der LDL. Im Oktober 2015 zog er zu seiner Zwillingsschwester nach Kapstadt, wo Pia Antiyoga unterrichtet. Seit 2017 pendeln sie zwischen Kapstadt, Berlin und Bay Area (San Francisco).

Die **"LIGA DER LEEREN" (LDL)** wurde 2014 als anonymes transspirituelles Netzwerk diverser politisierter ehemaliger Gurus und Antigurus aus dem Umfeld des ehemaligen Magazins "connection spirit" (Hrsg. Wolf Schneider) ins Leben gerufen, um über den eigenen kosmologischen Tellerrand zu schauen.

9 783752 830880

ORIGINALAUSGABE 2018
ISBN 9783752830880
Herstellung und Verlag: BoD
Books on Demand, Norderstedt

"Viele Menschen sagen, dass sie von einer Religion Halt erwarten. Ein Buddhist würde sagen, darum gehe es ganz und gar nicht. Solange man sich an etwas festhält, hat man keine Religion. Nur wer vollständig loslassen kann, nur wer für sein seelisch-geistiges Gleichgewicht keine fixe Idee braucht, ist wirklich da."

Alan Watts

Nach den Büchern NULLYOGA, URRUHE und NULLTHERAPIE ist *m...OM...ent* das vierte Buch der LDL (Liga der Leeren) und richtet sich speziell an jene, die aus ihrem spirituellen Burnout erwacht sind und sich in einer Welt zurecht finden müssen, die ganz und gar nicht für egolose Menschen gemacht ist. Wer durch einen schweren Schicksalsschlag, eine Nahtoderfahrung, eine natürliche Begabung, eine Meditationserfahrung oder eine Midlife-Crisis aus der Routine des Alltags gerissen wurde, um sich die letzten existenziellen Fragen nach Sinn und Wesen des Seins zu fragen, der kann sich leicht in spirituellen Konzepten verfangen, um neuen Halt im Leben zu finden. Wer aber den transspirituellen Zustand des permanenten **Nondualitätsbewusstseins** erlangt, hat Religion und Spiritualität radikal überwunden, weil kein Ego mehr da ist, das solch einen Halt braucht. Das Buch erläutert fast wissenschaftlich psychologisch und neurosoziologisch, wie sich dieser Zustand ganz frei von narzisstischer Selbstüberhöhung anfühlt. Insofern richten sich diese gesammelten Essays (alle aus dem Jahr 2018) auch an all die verzweifelt Suchenden, die aus der Kollektivhypnose der gesellschaftlichen Konditionierung aufwachen wollen, aber nicht wissen, worin der Fehler ihres therapeutischen Leistungsdrucks liegt. Willkommen im m...OM...ent Deiner Verblüffung! **Ist es wirklich so leicht? Ja, es ist!** Nur Dein Ego kämpft noch mit seinen spirituellen Selbstbefehlen bis zum bitteren Burnout...

ANTIGURUGEBET

KEIN WEG. KEIN ZIEL. KEINE EINHEIT. KEINE ERLEUCHTUNG. KEINE ESSENZ. KEIN BEWUSSTSEIN. KEINE FREIHEIT. KEINE PERSON. KEIN GOTT. KEIN NICHTS. KEINE OBJEKTE. KEIN NICHTOBJEKT.

KEINE URSACHE. KEINE WIRKUNG. KEIN SELBST. KEIN ICH. KEINE ERKLÄRUNG. KEINE METHODE. KEIN KONZEPT. KEINE WEISHEIT. KEIN WISSEN. KEINE THEORIE. KEINE PRAXIS. KEINE LEBENS-PRAXIS. KEINE ARZTPRAXIS. KEINE PRAXISGEBÜHREN.

KEIN HOHES VERKEHRSAUFKOMMEN. KEIN FALSCHPARKEN. NIEDRIG-SCHWELLIGES ANGEBOT "LEBEN".

DER NAME JEDER ZELLE. DER NAME JEDER GALAXIE. DER NAME DES UNIVERSUMS. LEBEN. NICHTS ALS LEBEN. KEINE GEBURT. UND KEIN TOD. ALLES IST DA. WO ES IST. IMMER HIER. IMMER JETZT. VON EWIGKEIT ZU EWIGKEIT.

EQUAL PAY DAY? ECSTATIC PLAY DAY!

SPALTSPIRITUALITÄT

Der feine Unterschied zwischen abstraktem und vollständig konkretem Gebrauch Deiner Selbstempfindung: Spirituelle Sucher machen es sich unnötig schwer, indem sie meinen, ihr ICH sei "etwas" (ein abstraktes Gedankenobjekt wie z.B. eine "unsterbliche Seele" oder genau anders herum ein "entfremdetes Ego"), das sie wahlweise loswerden müssten (als Ego), um irgendwo "anzukommen" (wo Gott wohnt oder Nirvana wartet), oder das sie endlich finden müssten (als Seele), um mit allem "eins zu sein". All diese Projektionen sind einfach nur TOTAL-KONDITIONIERTER MINDFUCK: **es gibt weder das Ich noch das Ego, die Seele, Gott, das Nirvana, eine Befreiung, Erlösung, Erleuchtung oder sonstigen Esoterikerbullshit!** Wenn Du Dein Dasein ganz einfach total konkret 100%ig VON INNEN FÜHLST anstatt Dich andauernd nur mit dem *"Mann im Ohr"* (Zitat von Alan Watts) wie im Spiegel zu beobachten, dann HAST Du kein Ich, das Du suchen, finden, heilen oder töten musst, sondern Du BIST einfach nur dieses Bewusstsein, das durch seine Augen hindurch alles wahrnimmt, was da ist. Deshalb nennt sich die aufgewachte

Bewusstheit WAHR-Nehmung: die Wirklichkeit ist jetzt frei von Hintertürchen und doppeltem Boden – **die Heimkehr ins konkrete Leben ist keine hirntote "Reduktion" auf das Körperliche sondern genau umgekehrt: der Geist spürt sich nun endlich wieder als Körper anstatt sich von ihm abzuspalten.** Spaltspiris bräuchten viel eher Ganzkörpermassage und Traumatherapie, um die SELBSTLIEBE/SELBST-AKZEPTANZ neu zu entdecken anstatt teure Retreats auf Lanzarote, bei denen ihr Geist noch weiter heraus gebeamt wird aus dem natürlichen Freisein in irgendwelche abstrakten Gedankensphären, die das Rauschen der Ozeanwellen zur Illusion degradieren. DAS RAUSCHEN DES OZEANS IST DIE GANZE WAHRHEIT. "Wer" lauscht? NUR DIE OHREN! Die Ohren lauschen. Die Augen schauen. Das Herz fühlt. Die Arme umarmen. Kein Wer weit und breit, um *"wer?"* zu fragen. Trau Dich noch weiter hinein in das tolle Gefühl, dass kein Fühler hinter den Gefühlen wohnt, kein Denker hinter den Gedanken und kein Erleuchteter hinter dem Leuchten! THIS IS IT!

ZELLEN STATT ZELLIN

Solange Du ein "Ich" in Deiner (besser: in seiner) Mitte "hast", ist die Frage, OB WIR, DIE ZELLINS, "SELBER ERLEUCHTET ODER ERWACHT" SIND, ganz logisch, denn Dein Ich fragt sich das – wer sonst! Weil es gar nicht verstehen kann, dass es Erleuchtung und Erwachen ÜBERHAUPT NICHT gibt: das ist nur der Phantomschmerz des Egos, das glaubt, es müsse sich selber loslassen, um irgendwo anzukommen. Dieser ganze Egospuk ist seltsam, da es wirklich nur ein Spuk ist, aber psychisch so real für die meisten Menschen, dass man kollektiv daran glaubt, es gäbe unglaublich göttliche Gespenster. Die Menschheit tut das, seitdem sie überhaupt denken kann: suchen, sobald dieser Sucher im Geiste erwacht, obwohl nichts zu finden ist. **Falls Dein Ego verschwindet, wird auch die angestrebte "Mitte" nicht "leer" sein, sondern mit dem Ego gemeinsam verdampfen. Dann ist da nichts mehr, wo "jemand" hinkönnte und niemand mehr, um irgendwo "ankommen" zu wollen. Dann wird dein BEWUSSTES SEIN einfach nur das Leben sein.** Und Du wirst noch mehr lachen, als Du es jetzt schon so wunderbar kannst. Aber ab dann lacht das Lachen von selber, ohne dass jemand von sich glaubt, es zu tun. Vielleicht wirst Du dann plötzlich zusammenzucken und feststellen: die Zellins haben schon immer die volle Dröhnung verraten, als gäbe es gar kein Geheimnis – sie haben die absolute Wahrheit gesagt! Aber na klar! Wir sind doch keine Gurus, die ihre Anhänger mit Dogmen und Glaubensgesetzen hypnotisieren, um sie zu einer Sekte zu bekehren. **Wir weisen im Gegenteil darauf hin, dass DIE WAHRHEIT nicht mehr ist als das, was "Dein eigenes" Bewusstsein p e r m a n e n t OHNE DEIN ZUTUN empfängt.** Da ist kein Geheimnis dran, aber leider treibt genau das viele in den Wahnsinn, weil sie unbedingt ein göttliches Geheimnis lüften wollen. Und die, die dem Wahnsinn verfallen, erhöhen und stilisieren die Lachenden zu elitären Fratzen ihrer eigenen Sehnsucht. Ganz ehrlich: wenn einer aus der Zellinbande als Guru Satsang geben müsste, er würde am Authentischsten mit einer Karnevalsmaske (wahlweise Sensemann, Zenmeister, Clown, Cowboy, Erdbeere, FBI-Agentin, Trump, Hitler, Dalai Lama oder Eckhart Tolle) von einem Blasorchester begleitet werden, damit Du ihn mit der Kamelle steinigen möchtest!

Und wenn der Zellinguru dann tot unter den Steinen liegt, grab ihn aus und Du wirst nichts finden: nur Steine, unter denen nichts begraben liegt. Deine Steine. Dein Nichts. Dein Zellin. Also: **am Ende des ganzen Prozesses ist jeder irgendwie ein bisschen "pi zett",** aber PI selber war nur diese morbide Maske der unendlichen Gesichtslosigkeit in Deinen eigenen Zellen...

TRANSSPIRITUALITÄT
als konzeptfreie Bewegung
ohne Egos und deren Gurus

Das transspirituelle Lebensgefühl ist geprägt von einer nondualen Grundempfindung des Bewusstseins, ohne dass solche Personen das Bedürfnis hegen, sich als erleuchtet oder erwacht in den Vordergrund zu drängen. Andersherum spüren sie aber durchaus auch, dass sie mit einer Wahrnehmung beschenkt wurden, die ihnen ein Gefühl von Unendlichkeit, Leere, Nichtsein, Ichfreiheit erlaubt, das nicht jeder kennt, aber viele sich danach sehnen. Daher ist ihre Rolle als Vermittler dieser kostbaren Bewusstseinshaltung oder BEWUSSTHEIT weder von falscher Bescheidenheit noch von egozentrischem Größenwahn geprägt. Sie, wir, wollen lediglich andere dazu ermuntern, sich das Leben nicht so fucking schwer zu machen, sondern auch einfach DIE SEITE ZU WECHSELN und im Grenzenlosen, Grundlosen, Ganzen zu landen! Landen? Schweben im Offenen ist angesagt! Lasst uns unseren Schwestern und Brüdern Kraft und Mut schenken, auf dass sie KEINEM GURU ihr Geld in den Rachen schieben!

Traut Euch die Sache ganz nüchtern und dabei voll empathisch in die Wege zu leiten! WIR ALLE SIND DIE BEWEGUNG – GURU GO HOME...

Eine BEWEGUNG? Quatsch! Das ist nur ein Teekesselchen, um zu provozieren! Es gibt niemanden, der "zu etwas gehört". Hier sind keine Mitglieder von irgendeiner Bewegung! Der Begriff "urberuhigte Bewegung" beschreibt den VON INNEN GEFÜHLTEN ZUSTAND eines Individuums, das urberuhigt bewegt ist. **Gurus sind selten in diesem transspirituellen Zustand angekommen, sondern vermarkten ihn als spirituelles Objekt der Zielvorstellung.** Versuch einmal innezuhalten und zu verstehen, was die beiden Wörter einzeln UND dann in Kombination überhaupt bedeuten: "URBERUHIGT" leitet sich vom Substantiv Urruhe ab. Aber es ist ein Adjektiv, also eine Zustandsbeschreibung anstatt eines Objekts. Aber wie kannst Du ZUGLEICH "urberuhigt" UND "bewegt" sein? Ganz einfach: Dein Ego kann es nicht, denn das möchte gerne "die" Ruhe HABEN (oder sogar "die Ruhe weghaben"), um die "ewige Bewegung" (den sogenannten Wandel) zu ertragen.

Erst aus dem Blickwinkel der Egolosigkeit wird der Wahrnehmung deutlich: es gibt WEDER Ruhe NOCH Bewegung. ALLES GESCHIEHT EINFACH NUR JETZT. DAS SEIN IST IMMER DA. Und schon hat Dein Verstand die "urberuhigte Bewegung" verstanden. Was sollte er auch anderes tun? Der Verstand ist zum Verstehen da. Und der Verstand beginnt jetzt natürlich zu toben; denn er behauptet: JEDER "ZUSTAND" IST STATISCH UND GLEICHT DAHER EINEM GEFÄNGNIS! Na klar, aber WER sitzt in diesem eingebildeten Gefängnis seines eigenen Konzeptes? Nur das Ego selber! Wenn es das EGO ist, das einen Zustand HAT, dann ist der Begriff "Zustand" wahrlich illusionär statisch. Aber nun versuch doch mal ganz praktisch, aus der simplen Formulierung "urberuhigt bewegt" etwas Statisches zu machen: die Egolosigkeit schmunzelt da nur, weil sie es gar nicht als statisch empfindet, sondern als Synonym für "Sein" oder "Flow". Aber das Ego empfindet es nicht nur als ultrastatisch, sondern sogar als brutal paradox, weil es sich Zustände wie RUHE und BEWEGUNG immer nur reingeistig als gegensätzliche Objekte von der Selbst-wahrnehmung abgespalten vorstellt, die sich grundsätzlich widersprechen. Die Wörter selber sind frei wie ein leeres, weißes Blatt Papier, und je nachdem, ob sie durch die Brille eines Egos oder durch die konzeptfreie Egolosigkeit "interpretiert" werden, erhalten sie andere Bedeutungen. Die Wörter selber sind weder dualistisch noch nondual. Ihre Verwendung durch Egos/Gurus führt zwangsläufig zum spirituell-dogmatischen Hickhack, für das die INHALTLICHE BOTSCHAFT DES MANTRAS dann völlig unbeachtet bleibt, weil sich die Korinthenkacker der Spiriszene lieber an IHREN INDIVI-DUELLEN INTERPRETATIONEN eines spezifischen Szenejargons aufgeilen anstatt sich nur einfach einmal wirklich meditativ in einen INHALT zu versenken, um ihn EGOLOS NONDUAL zu erspüren. Gespürt wird in der Spiriszene letztlich herzlich wenig, es finden immer nur intellektuelle Schlammschlachten statt. **Das ist der eigentliche große Spiri-skandal: die totale Tabuisierung und Degradierung der eigenen Körper-lichkeit/Sinnlichkeit zugunsten einer hochsublimierten Verdrängung des direkten, absoluten Empfindens in eine geistige Abstraktion/Projek-tion, weil das Ego den eigenen Körper und die eigenen Sinne auf seinen traumatischen Tunnelblick reduziert.**

Spaltspiris "trauen ihren eigenen Sinnen nicht", weil ihr Blickfeld so eingeschränkt ist, dass sie die Unendlichkeit des Seins nicht sehen und nicht spüren können. Stattdessen "glauben" sie an das gedachte OBJEKT "Unendlichkeit" und streiten sich darum, wie unendlich die Unendlichkeit denn nun "wirklich" sei...

Aus aktuellem Anlass ein nochmaliger Hinweis auf die Wichtigkeit von Begriffs-klärungen: das Wort "TRANSPERSONALI-TÄT" wurde durch das Spätwerk von Abraham Maslow (sein Buch "Psychologie des Seins") ins Leben gerufen und bezieht sich ursprünglich auf sogenannte "peak experiences" (heutzutage spricht die Szene gerne von "Bliss"-Momenten), in denen der Mensch aus seiner personalen, persönlich-individuellen Ego-Ebene in eine spirituelle Dimension entführt wird, die er als "göttlich" und "essenziell" empfindet. Das ist ein dualistischer Ansatz, der dazu führte, dass die gesamte daraus entstandene Schule der "Transpersonalen Psychologie" bei klassischen Psychiatern, die sich am ICD11 orientieren, unter religiös-psychotischem Generalverdacht steht. Dualistische Systeme entziehen sich automatisch der wissenschaftlichen Über-prüfbarkeit, da sie persönliche Erfahrungen zu metaphysisch-esoterischen Pauschalisierungen überhöhen. Das Ego interpretiert Bliss als das, was dem Ego aus seinem individuellen Prozess heraus am "logischsten" (naheliegendsten) erscheint: beim einen heißt "das" Transpersonale dann Gott, beim anderen Leere oder Quelle. Das Ego spaltet seine selbsttranszendierende Erfahrung gerne als eigene Ebene ab, anstatt sich selber darin aufzulösen und das zu bemerken, worauf der Begriff der "TRANSSPIRITUALITÄT" anspielt: dass es KEINEN spirituellen Extrabereich benötigt, dem das Ego glauben und huldigen möchte, sondern es sich nur um Projektionen des Egos handelt, das Angst hat, OHNE Gott, OHNE Quelle, OHNE Essenz zu leben. Denn das Ego interpretiert diesen Mangel sofort als deprimierende Sinnlosigkeit des ganzen Seins und sehnt sich nach einem höheren Sinn. Im transspirituellen (nondualen) Zustand anzukommen, bedeutet ganz schlicht und banal, **kein suchendes Ego mehr zu haben, das sich an ein spirituelles Glaubenssystem klammert, sondern sich frei von solch einer Ego-Instanz selber als das ganze unendliche, leere Sein zu spüren!** Gurus würden das gerne als ihr persönliches Privileg deklarieren und frustrierte Schüler werden leicht wütend, wenn ganz normale Mitmenschen behaupten, diesen Zustand als ihr eigenes Lebensgefühl entdeckt zu haben; denn diese echte Freiheit wurde jahrtausendelang als elitärer Schwierigkeitsgrad definiert, der den Leistungsdruck und die Bereitschaft zum finanziellen Einsatz so sehr erhöht, dass man nicht hören möchte, dass dieser ganze Einsatz umsonst und unnötig sei, weil nicht nur Heilige, Gurus und Hollywoodstars (siehe Jim Carrey) darüber verfügen, sondern jeder von uns, der sich traut, sich über die Befehle seines Egos zu amüsieren und sich endlich in das unendlich leere Offene zurückzulehnen...

Wir machen es uns quasi bequem und genießen den Zustand gemeinsam als etwas völlig normales, natürliches. Wir sind KEINE erleuchteten Gurus, die sich selber toll finden. Wir sind dieselben Arschlöcher wie Du (nur der koreanische Diktator hat KEIN Arschloch, weil er heilig ist, siehe der Kinofilm "Das Interview"). In diesem Zusammenhang möchte ich nochmal auf eine Textstelle aus dem 4.Manifest SYNONYMSATORI hinweisen, wo wir das beschrieben haben, wie die Gurus mit ihren persönlichen Lieblingswörtern um sich werfen und sich gegenseitig übertrumpfen wollen. Keine Comedyshow könnte witziger sein: *"...die idealistischen Begriffe Ego, Selbst, Seele, Gott, Geist, Tao, Kern, Mitte, Zentrum, Freiheit, Frieden, Transzendenz, Unsterblichkeit, Urgrund, Stille, Leere, Licht, Liebe, Energie, Quelle, Essenz, Kraft, Einheit, Nondualität, Nichts, kosmisches Bewusstsein, reines Bewusstsein, Buddhanatur, wahre Natur, das Absolute etc pp sind letztlich alles Synonyme desselben metaphysischen Wunschdenkens..."*

HAT MEIN "ICH" EIN SPIRITUELLES (dualistisches) ODER EIN TRANS-SPIRITUELLES (nonduales) LEBENS-GEFÜHL? PRÜF DEINEN TATSÄCH-LICHEN ZUSTAND JETZT! *"Lande nirgendwo!"* (Zitat von Sri Poonjaji) ist ein typischer versteckter Ego-Imperativ, wodurch seine Scheinparadoxie entsteht, denn grammatisch fühlt sich das Ego dadurch gleichzeitig angesprochen und trotzdem sabotiert, da es nicht landen dürfen soll. Das Ego kontert dementsprechend – entweder, indem es sich auflösen will, um die Paradoxie zu überwinden und das "Nirgendwo" zu finden (in der Hoffnung, das wäre die gesuchte Erleuchtung oder führe zum sogenannten Erwachen), oder wehrt sich gegen den imperativen Befehl mit der logischen Kehrseite: *"ich lande überall!"*. Beides, Nirgendwo und Überall, sind allerdings nur Chimären des Egos selbst, das sich den wahren Zustand OHNE SICH gar nicht vorstellen kann – und auch nicht braucht! Die spirituelle Kampfsportart der Ego-Imperative erzeugt nur bei "spirituellen Suchern" einen Leistungsdruck mit Zielvorstellung, der dem Portemonnaie des Gurus zugute kommt. Ein egofreier Mensch, dessen ehemalige Suche im Flimmern der heiligen Fatamorgana längst ad absurdum geführt wurde, hat solche scheinparadoxen Probleme überhaupt nicht: sein Identitätsgefühl ist eins mit jedem Landeplatz, auf dem er JETZT GERADE landet, und zugleich hat er gar kein Identitätsbedürfnis, sondern lebt in einem Dauerschwebezustand des ständigen Landens und Abhebens. Die Trennung zwischen "Urruhe" (als göttliches Ich-Bin im Zentrum des Orkans) und "ewigem Wandel" (als Illusion/Traum) hat sich in Wohlgefallen aufgelöst, weder sind die Dinge nur "Erscheinung" (=degradiert zur Matrix) noch gibt es für solch einen Mensch eine höhere (absolute) Wahrheit "hinter den Dingen" (=überhöht zu Gott): die ehemals dualistisch projizierte Essenz (das ominöse

DAS) ist jetzt identisch mit allen "Symptomen" des Seins (Anspielung auf ein Zitat von Alan Watts über Douglas Harding). Dieses neue Lebensgefühl von *"ALLES IST IDENTISCH!"* (Nullyoga-Zitat) ist die Folge des Egoverlustes und der damit verbundenen 100%igen Ankunft im absolut Konkreten. **Der ganze Guru-Zirkus um das Ego dient nicht seiner Auflösung und Überwindung sondern triggert das Ego selbst permanent zu Höchstleistungen in diversen spirituellen Kampfsportarten an, ohne dass der Schüler das überhaupt so bemerkt; denn er glaubt, sein Ego aktiv töten zu können, wenn er sich nur anständig bemüht und den richtigen Befehl ausübt.** Das neue, transspirituelle Lebensgefühl ohne Ego ist KEIN elitärer Ausnahmezustand von Olympiadengewinnern, sondern der natürliche Urzustand, in dem sich jedes Wesen, ja jede Zelle, jedes Atom, jede Schwingung sowieso befindet. DAS GANZE UNIVERSUM IST EGOLOS! Nur der "zu viel" denkende Mensch schaut in den Spiegel und zieht seltsame Geistergesichter anstatt die sich offenbarende Leere (buddhistisch: Wesenlosigkeit) von innen zu spüren (Anspielung auf Jed McKenna) und alles zu sein, was JETZT IST...

Ein Katholik ist z.B. Dualist (Welt/Gott), während Advaitisten gerne behaupten, Nondualisten zu sein, was selten stimmt: sie trennen die Wirklichkeit auch auf in Illusion, Traum, Matrix einerseits (Materialismus) und Reines Bewusstsein, Quelle, Essenz, das DAS etc pp andererseits (Metaphysik). **Nur wenige kennen wirklich die Wahrnehmung, die von Douglas Harding als "kopflos" beschrieben wurde, und die gerne als Folge von Egoverlust (gemeint ist nicht das natürliche Ichgefühl, sondern die Fiktion bzw das Konstrukt einer sinnesunabhängigen Seele) bezeichnet wird.** Die meisten Gurus, Satsanglehrer und Bewusstseins-coachs sind insgeheim Dualisten, aber BILDEN SICH SELBER NONDUALITÄT EIN: das Hirngespinst des Einsseins ist weit verbreitet und verteidigt sein esoterisches Konzept meist erst brutal dogmatisch, wenn es als verkappter Dualismus auffliegt. Denn Gurus benötigen meist selber ihren Aberglauben an ihr Pseudo-einssein anstatt zu bemerken, dass es nur ihr fettes Ego ist, das da randvoll angefüllt wurde mit Leere-Theorie anstatt wirklich leer und verpufft zu sein. Kein egofreier Zenmeister kann seinen Schülern logisch erklären, wie sich der Zustand anfühlt –

und kein Schüler kann sein Ego durch logisches Denken loswerden. Solange die gesamte Wahrnehmung immer direkt ans Ego gekoppelt bleibt, hat das Bewusstsein gar keine Chance, sich selber als grenzenlose Aufmerksamkeit zu entdecken! Daher das Totmeditieren und das Gefühl, Gefangener seiner selbst zu sein. Erst wenn dieses "Selbst" als Fatamorgana verschwindet, öffnet sich automatisch der Blick ins unendliche Nichtsein der ganzen Realität, die zugleich in ihrem Nichtsein als absolut wahr erkannt wird, da es NICHTS WAHRERES "DAHINTER" GIBT. Das große Gelächter des Erlösten beginnt hier und breitet sich wie ein Virus aus! Überall grinsen Dir Buddhas entgegen, die in dieser besitzlosen Freiheit angekommen sind, während Dein Ego sich noch bemüht, diese Leere zu besitzen, und Dich zum Guru eines Konzeptes macht: *"Kauft die Leere bei mir, Leute, ich habe die wahre Leere im Sonderangebot! Bei mir bist Du schön, äh, nein: LEER, Du armseliger einsamer Idiot, los, unterschreib, zwei Wochen Retreat, garantiert mit einer Affäre und vielen neuen Freunden, die Deinen Büroalltag danach erträglicher machen, denn Ihr werdet eine Familie sein mit demselben Glaubenssystem, das da heisst: WIR KENNEN DIE LEERE!"*

Wer den Zustand der Egolosigkeit nicht kennt, glaubt gerne fälschlicherweise, es gliche der Demenz, weil er den Unterschied zwischen der bewussten Wahrnehmung als "erwachtes" Individuum (alle Sinneseindrücke, die sich als Ich bezeichnen) und dem esoterischen Aberglauben an einen *"Denker hinter den Gedanken"* (Zitat Alan Watts) nicht kennt. Warum und inwiefern ein "erleuchtetes" Wesen das Wort "Ich" trotzdem noch benutzen kann, obwohl das Ego verschwand, kann paradox wirken, solange der feine Unterschied nicht erfahren wird. Auch die LDL versuchte relativ hilflos, sich durch die zufälligen Konversationen mit Facebookfreunden zu blöden Spirisprüchen inspirieren zu lassen, die dieses seltsame, faszinierende Bewusstseinsphänomen irgendwie verständlich beschreiben. Das kann sogar zu pseudopoetischen Stilblüten führen. Aber vielleicht sind sie gar nicht so doof? **Wie würdest Du Deinen Wechsel vom Ego ins Egolose beschreiben, ohne dass es so wirkt, als würde ganz im Gegenteil ein besonders großes Guru-Ego von seiner eingebildeten, aufgeblasenen Losigkeit sprechen?** Sich hohl, leer und unendlich zu fühlen ist von innen betrachtet viel leichter als es nach außen zu kommunizieren? Vorallem wenn man nicht so peinlich oberlehrerhaft wie ein Guru wirken möchte, der ohnedies wie eine Karikatur der Freiheit wirkt – und oft auch optisch so aussieht wie eine Realsatire? Hast Du schon einen langen Bart? Oder als Frau eine Glatze? Siehst Du aus wie ein Heiliger? Wie eine Zenmeisterin aus alten Zeiten? Schmückst Du Dich mit esoterischem Krimskram, der wie ein Karnevalskostüm wirkt? Lebst Du auf Lanzarote oder am Strand von Goa? Betreibst Du ein Retreatzentrum mit schönem Holzboden und Buddhastatue? Macht Deine Peergroup meditative Übungen und zelebriert die Stille? Psssst RUHE DU ARSCHLOCH ICH HABE 500 MÄUSE FÜR DIESEN WORKSHOP BEZAHLT UND DU VERSAUST MIR DIE GANZE ATMOSPHÄRE! WIE SOLL ICH MICH DENN KONZENTRIEREN, WENN DU DAUERND SO KEUCHST, STÖHNST UND BLÖDE FRAGEN STELLST? ICH WILL HEUTE ENDLICH MEIN EGO WEGMEDITIEREN UND DU STÖRST MICH DABEI!

Wer die Wirklichkeit selber egofrei ALS ABSOLUT erfährt, formuliert seine Wahrnehmung automatisch nicht mehr dualistisch, weil da kein Ego mehr ist, das abstrakte Objekte aus den Empfindungen macht.

Während ein Ego noch von "der" Leere oder "dem" Nichts redet, sind die Aussagen des Egolosen sehr konkret bzw wie Nietzsche es sagte: *"hart an den Dingen"*. Daher sage ich z.B. DAS GRAS IST GRÜN und meine damit nicht nur, dass der Halm eine bestimmte Farbe hat, sondern ich drücke damit meine Empfindung für die ABSOLUTHEIT DES GRASHALMS aus, der nicht "eigentlich" leer oder unendlich oder göttlich sei (alles pseudononduales Geschwätz!), sondern dessen absolute Existenz darin besteht, nicht mehr als DER GRÜNE GRASHALM zu sein. Das ist so tiefgreifend und trivial zugleich, dass es von "scheinbaren" Egos nicht nachvollzogen werden kann, weil sie immer alles dualistisch interpretieren, solange sie sich als getrenntes Subjekt empfinden, das ihnen "gegenüber" Objekte wahrnimmt. **Wo kein Subjekt ist, sind auch keine Objekte, sondern das unermessliche Sein, das in genau diesem Moment an genau dieser Stelle des Universums GRÜN IST.** Grün ist daher keine relative Eigenschaft eines relativen Grashalms, sondern das gesamte Phänomen GRÜNER GRASHALM ist selber hier und jetzt für diesen einzigartigen Augenblick absolut, essenziell, existenziell.

DAS SEIN IST HIER UND JETZT GRÜN UND HAT DIE FORM EINES GRASHALMS. Essenzielleres suchen nur Egos, die das Grün des Grases als "vergängliche Erscheinung" erleben (weil sie es nicht IM TOTALEN JETZT erleben, sondern auf einen bereits vergangenen sinnlichen Eindruck reduzieren) und dem Grashalm etwas NOCH ABSOLUTERES anheften wollen wie ein "unvergängliches" Etikett oder Gütesiegel. Aber nein, der Grashalm IST die mystische Erfahrung. Das Grün IST absolutes Sein jenseits aller Konzepte. Wenn Du das spürst, gibt es kein Ego mehr in Dir, sondern nur noch BEWUSSTHEIT über die unendliche Anwesenheit, die Tatsächlichkeit des gesamten Seins in Form all seiner Details. Deine Wahrnehmung schaut an ihrem Körper herab und staunt: Haut! Haare! Beine! Das alles wird wie das grüne Gras empfunden. Diese egolose Bewusstheit fragt nicht nach einer Bewusstseinszentrale "hinter" der Bewusstheit, einem "Wer", das da an "sich" herunterschaut. Es sind nur DIE AUGEN, die schauen! Kein "Geist" hinter den Augen, der sagen könnte, "ich schaue durch meine Augen hindurch", sondern die Bewusstheit der Augen selbst – genau wie die Bewusstheit des Denkens und der Finger, die diese Gedanken jetzt gerade notieren. Die Bewusstheit der Augen ist randvoll gefüllt mit der unendlichen Existenz in all ihren Farben. Die Bewusstheit IST dort als grüner Grashalm, IST dort als Hosenbein, IST dort als Magenknurren! **Nirgends ein externer Gott, der alles göttlicher machen würde als es sowieso ist. Die Wiese ist einfach nur gottlos göttlich grün.** Da ist niemand mehr da, der sich vor etwas verneigen könnte. Der Grashalm neigt sich nur selber im Wind und "ich bin" DORT, wo das geschieht. ICH BIN genau dieses Geschehen. DER WIND WEHT. Hörst Du es? Spürst Du es? Das bist Du! Das IST das SEIN...

Hier ein typischer Denkfehler von Spaltspiris, deren natürliches Ichgefühl noch nicht unendlich ist: das dualisierende Ego erfindet ein NICHTS JENSEITS DER UNENDLICHKEIT, wodurch die Unendlichkeit als etwas Begrenztes vorgestellt wird, das quasi von einem Nichts umgeben wird. Dieses sogenannte Nichts muss natürlich auch "irgendwo" sein, weshalb es dann wahrscheinlich in Gott ruht. Und Gott? Der ist dann endlich auf sagenhafte Weise unendlich und braucht keine Begrenzung, um durch etwas anderes definiert zu werden, oder? Der ganze inflationäre

Mindfuck von unerwachten Suchern ist das alte Spiel der Schildkröten, die auf Schildkröten stehen. Eine letzte Schildkröte, die auf NICHTS steht, sondern im Bodenlosen schwebt, kann es für das dualistische Denken nicht geben, da jede Bodenlosigkeit BEGRENZT gedacht wird und daher auch einen Rahmen benötigt, in dem sie "stattfindet". **Das Ego inflationiert einfach bis in alle Ewigkeit anstatt seine eigene Unendlichkeit zu bemerken und dadurch identisch mit dem Nichts zu sein, das alles IST, WEIL alles unendlich ist.** Denksport für Spirituelle, den ein transspirituell Erwachter überwunden hat und nur noch müde lächelt. Das echte unendliche Leben hat begonnen.

R.I.P. (Restless In Paradise) – Wenn sich der Kämpfer in Wohlgefallen auflöst, gibt es keinen mehr, der das Kämpfen AUFHÖREN kann. Egobefehle wie *"Hör auf zu kämpfen"* suggerieren, der AUFHÖRER sei jemand anderes als der KÄMPFER. Der Kämpfer kann aber nie aufhören, weil er zum Kämpfen gemacht ist, während er davon träumt, ein Aufhörer zu werden. Diesen Irrtum haben bereits viele Meister herausgearbeitet. Versuche als Guru, Lehrer oder Coach, die Grammatik von

Egobefehlen derart zu modifizieren, dass sie die Illusion von BEIDEM – Kämpfen UND Aufhören – egofrei aufzeigen. Dann wirst Du garantiert viele romantisch-sehnsüchtige Anhänger verlieren, aber denen, die "auf dem Sprung" zum Erwachen sind, ihren letzten Arschtritt verpassen... WER kämpft, träumt vom Frieden. WER träumt, muss kämpfen. Wenn das Leben erwacht, entpuppt sich die Sehnsucht nach Frieden als ebensolch ein Bluff wie der Kampf. Da ist niemand zum Kämpfen außer der, der Frieden will: der Träumer erfindet die Idee von "Frieden", aber in Wahrheit ruht das Ego sowieso im ewigen Frieden: beides ist nur Esofake.

Die spirituelle Hirnwäsche durch Weisheits-lehren führt dazu, dass Gurus NICHTS FÜHLEN UND BEWERTEN dürfen, ohne dass ihnen ein aufgeblasenes Ego unterstellt wird. In echt ist es genau umgekehrt: **erst der Erwachte KANN überhaupt ALLES fühlen und bewer-ten, weil ihn kein Ego daran moralisch hindert, die verrücktesten Gefühle und radikalsten Bewertungen zuzu-lassen!** Ein wahrer Meister übernimmt menschlich sensibel VERANTWORTUNG für all seine Taten und Äußerungen, weil er die

Freiheit hat, sich auch dagegen zu entscheiden. Das klingt ziemlich unerleuchtet für Esoteriker, die daran glauben, NIEMAND zu sein. Aber genau dieser aufgeblasene Niemand verhindert permanent, dass die ausgelutschten Pfade der kaputten Routine verlassen werden, weil er sich seine radikale Wahrnehmung der ganzen Welt durch ein idiotisches "Om" wegmeditiert hat und sich nicht traut, FALSCHES UND SCHLECHTES als falsch und schlecht zu bezeichnen. In seiner hypnotischen Scheinsubjektivität wird alles so relativiert, dass die eigentliche Absolutheit eines jeden Atoms nicht mehr gesehen, geschweige denn empfunden wird. Gleichmacherei führt zu Gleichgültigkeit bei den Oneness-Fanatikern, die den esoterischen Dogmen treu bleiben wie Hitlers Schergen! **Aber kein Zenmeister würde vergifteten Reis essen, nur weil alles egal ist, weil kein Ego mehr da ist, das dem Reis die Etikette "Gift" verpasst. Es geht nicht um Etiketten. Es geht um die Wirkung der giftigen Substanzen im Reis und die NATÜRLICHE FÄHIGKEIT, ihn nicht essen zu wollen.** Dieses "Wollen" ist ein bewusster Reflex der Verweigerung des Magens aus Selbstschutz des Organs. Ohne Ego ist jeder Organismus ein Haufen

Organe, die das LEBEN GANZ PUR UND DIREKT SPÜREN. Das Bewusstsein ist die Empfangszentrale für all diese natürlichen Reflexe. **Und genauso wie der Magen kein Gift frisst, verweigert das Hirn auch vergiftete Gedanken. Daher kann es die Sprache auf esoterischen Müll prüfen und Egobefehle als solche erkennen und verweigern. Das Hirn des Erwachten bleibt lieber komplett sprachlos, bis sich ein gesunder Gedanke in gesunder Wortwahl ausdrückt.** Wer diese Unterscheidung von Wörtern und Formulierungen nicht erkennt, weil er selber noch von der Sprache kontrolliert wird, der muss solch einen Guru als fanatisch empfinden, verrückt und besessen. Und ja: ein erwachtes Bewusstsein ist wirklich das wildeste, freieste und fanatischste Organ, das dem Mensch wachsen kann! Fanatisch in seiner Fähigkeit, JA UND NEIN zu sagen anstatt entweder nur angepasster Jasager oder nur rebellierender Neinsager zu sein. Nur aus solch einem verrückten, wilden Freigeist kann Nullyoga entstehen und ein überflüssiges Buch wie Nulltherapie geschrieben werden. Wer lieber Yoga und Therapie macht, soll das ruhig tun, aber er geht uns nichts an. Dein Leistungsdruck ist die Angst des Egos, nicht anzukommen.

Dein Ego braucht all die Befehle, um sich zu beruhigen, auf dem richtigen Weg zu sein. Es glaubt an ein Ziel am Ende des Weges und sieht nicht, wie es im endlosen Kreis läuft, dessen Mitte so leer ist, dass sogar der Kreis nur ein feuriger Punkt ist, auf dem das Ego wie auf heißen Kohlen tanzt. Alles verglüht letztlich in dieser Flamme der Fatamorgana. Und aus der Asche erhebt sich das strahlende Grinsen des Jokers: austherapiert, ausmeditiert, ausgetanzt. Hier beginnt das wahre Leben. Keine Ausrede mehr. ALLES PASSIERT JETZT IN ECHTZEIT. DAS GANZE FUCKING UNIVERSE HAPPENS!

m...OM...ent mal?

An die subtil Depressiven, die ihr reflektiertes Ich verfluchen und etwas "Ganzeres" suchen: Jede Ichversion IST in jedem Moment die Ganzheit. Eine künstliche Trennung zwischen Ich und dem Moment rührt ausschließlich von der Existenz beider Wörter, die in echt SYNONYME sind. Mehr Ich als jeden Moment gibt es nicht – mehr Moment als jedes Ich auch nicht. DER MOMENT IST DAS EINZIGE ICH, DAS SEIN KANN; DIE GANZHEIT PASSIERT PERMANENT.

Osho soll gesagt haben: *"Ich bin immer in Meditation"*. Was ist daran falsch, fragt ein Facebook-Philosoph. Falsch ist daran nur das "ich", das dann "in" etwas sein soll. Das Wort MEDITATION wird je nach Prozesspunkt unterschiedlich interpretiert. Ich möchte den Nullyoga-Standpunkt daher noch hinzufügen, der sagt: ***"Das ganze Leben ist eine erleuchtete Meditation"***, denn aus nullyogischer Sicht ist alles MIT SICH "IDENTISCH", soll heißen: alles ist absolut, keine "extra" Meditation (oder Prozess oder Zustand) ist nötig, um "ganz" oder "eins" zu werden oder etwas anderes zu sein/erkennen als das, WAS SOWIESO IST. Wir haben diese

Lebenshaltung ohne geistigen Leistungs-druck *("become your best self")* und Leistungssport (Guru-Zertifikate mit Erleuchtungsgraden) in unserem Buch NULLTHERAPIE bzw. den beiden davor schon erläutert. Insofern verstehe ich Oshos Satz als richtig, sogar MITSAMT des "Ich"-Anfangs, da er vermutlich kein abgespaltenes, sich getrennt wähnendes Ego meinte, sondern einfach nur sich als Mensch, der sich nie getrennt empfindet. Im Gegensatz zum weit verbreiteten Advaita-Aberglaube, es gäbe nur mehr oder weniger intensive/lange "Bliss"-Erfahrungen, wird damit angedeutet, was von einem Ichlosen ganz banal selbstverständlich empfunden wird: diese Wahrnehmung ist IMMER "bewusst" (auch das sogenannte Unbewusste ist eine strategische Erfindung von Ich-Psycho-logen!) und bleibt FÜR IMMER da, wenn sich das dissoziierte Ich einmal in Wohlgefallen aufgelöst hat. Ein kitschiger esoterischer Mythos dagegen ist allerdings, dass man dann einen Heiligenschein oder Superkräfte hätte: in Wahrheit bist Du dann erst richtig wirklich total trivial "down-to-earth", groundless gegroundet. Aber genau DAS bringt besonders Spaltspiris auf die berühmte Palme: sie verfluchen oder verehren die, die schon fröhlich entspannt "angekommen" sind. Ganz ähnlich wie bei den klassischen Religionen, wo nur Jesus selber "wie Jesus" sein darf, alle anderen haben einen JESUSWAHN, wenn sie ihm 100% "nachfolgen". Unklar bleibt dabei, ob Jesus womöglich selber unter einem Jesuswahn litt. **Das ganze Kulturgetue ist eine grottenschlechte Reality-Soap mit dem Titel "DEMUT FÜR DOOFE". Lass Dich nicht davon verarschen, sondern spür das Ganze, indem Du Dich selber ganz spürst: alles, was Deine Sinne Dir vermitteln ist die blanke Wahrheit, tief und banal zugleich.** Wenn es Gott gäbe, er würde sich selber töten, um seiner Selbstdefinition von ungetrennter Ganzheit gerecht zu werden...

Wenn Dir die völlig absurde Frage *"WERDE ICH GEDACHT?"* in den Sinn kommt, hat sich ein Scheinproblem-Virus in Dein Bewusstsein geschlichen, **Du bist in eine bodenlose Falle getappt, weil Du Dich nicht mit Deinen Gedanken identifizierst, sondern ein "höheres", "freies", "reines", "heiliges" oder sonstwie nondual abgespaltenes sprachloses ICH BIN ("Selbst") suchst.** In Wahrheit gibt es keinen *"Denker hinter den Gedanken"* (Zitat Alan

Watts) oder einen *"Seher hinter den Augen"*, sondern DEINE BEWUSSTHEIT IST DAS SEIN SELBST, wie es sich jetzt in diesem Moment als solchen programmiert. **Verneige Dich daher vor DIR SELBST im leeren Spiegel als absolutes Selbstbewusstsein des Universums, das nur durch Deine Bewusstheit um sich selbst weiß!** Das Programm heißt LEBEN "LIVE" und läuft reibungslos ab. Der Spiegel zeigt nur 1 einziges Gesicht, das sich permanent wandelt, nämlich ZU GLAS GEPRESSTEN SAND AUF SILBERFOLIE!

BLA BLA BLA BLA BLA BLA BLA BLA BLA JA NÖ JA NÖ JA NÖ BLA BLA BLA BLA BLA BLA BLA BLA JA NÖ NÖ NÖ JA JA BLA BLA NÖ JA BLA JA BLA NÖ NÖ JA JA NÖ NÖ JA JA JA BLA BLA BLA BLA BLA BLA BLA BLA BLA JA NÖ JA NÖ JA NÖ BLA BLA BLA BLA BLA BLA BLA BLA JA NÖ NÖ NÖ JA JA BLA BLA NÖ JA BLA JA BLA NÖ NÖ JA JA NÖ NÖ JA JA JA BLA BLA BLA BLA BLA BLA BLA BLA JA NÖ JA NÖ JA NÖ BLA BLA BLA BLA BLA BLA BLA BLA JA NÖ NÖ NÖ JA JA BLA BLA NÖ JA BLA JA BLA NÖ NÖ JA JA NÖ NÖ JA JA JA BLA BLA NÖ JA

WIE STATT "WER"
(DAS LEBEN ALS AMÖBE
STATT AVATAR ERLEBEN)

WER-Fangfragen sind ein witziges Gesellschaftsspiel für langweilige Regentage: es benötigt ein WER, um für oder gegen ETWAS zu sein. Wenn es dieses abstrakte pauschale Ichgefühl als "unwandelbare" Identität nicht gibt für die "eigene" Wahrnehmung, dann besteht automatisch auch keine Bewertungsinstanz im Denken, das die Objekte der Wahrnehmung pauschal super oder scheiße findet. Flow fühlt in jedem Moment, was miteinander WIE (statt WER) kommuniziert und kann die Facetten der konkreten Begegnung beschreiben: diese Eigenschaft bewirkt diese Reaktion, jene Eigenschaft bewirkt jene Reaktion. Dieses ganze Für/Gegen-Spiel lässt sich nur nachvollziehen, wenn man die Augen und den Arsch gleichzeitig ganz fest zusammenkneift und sich dabei wünscht, ein Ich-Avatar zu sein, um die Welt einmal in Plus und Minus einzuteilen. Die Zusammenkneifmethode funktioniert allerdings nicht immer bei allen Erwachten, weil sie eine Zielsetzung voraussetzt, die erst durch das Kneifen erfunden wird. Deshalb kapiert manch ein Erleuchteter gar nicht solche Fragen, die grammatisch mit "wer" eingeleitet werden. Dieses Syndrom ist unter Ärzten bekannt als Erwachens-verblödung... NACHTRAG: **Simple Sympathie und Antipathie empfindet das Nervensystem PERMANENT, ohne dass es sich als Bewertung anfühlt. Es ähnelt eher der Amöbe, die automatisch durch den Unterschied des Flüssigkeitsdrucks innerhalb und außerhalb der Zellmembran ihre Richtung ändert und dadurch IMMER IN BEWEGUNG bleibt...**

Wenn Du Dich als eine statische Person "in Dir" suchst (Spirituelle nennen das gerne "ICH BIN"), möchtest Du einen User für Deinen Organismus finden, dessen Erscheinung Dir wie ein Avatar anmutet. Wenn Du dann dank Meditationstechniken diesen eingebildeten innersten Tempel-raum betrittst und niemanden findest, klammert sich Dein Ego vielleicht noch eine Weile an diese Leere (im spirituellen Jargon ist das die sogenannte IDENTIFIKATION MIT DER NICHT-IDENTIFIKATION), bis dieses sich selbst projizierende Ego kapiert, dass es sich nur einen "Seelenspiegel" geschaffen hat, um seine "Seele" zu erfinden, aber der Spiegel in Wirklichkeit leer ist, sprich: da ist gar kein Ego, das seine Seele sucht und erstrecht keine Seele, die als User eines Avatars in ihrem geheimen göttlichen Versteck sitzt. Erst dann kehrt Dein Bewusstsein IN SEINE EIGENE BEWUSSTHEIT zurück und empfindet seine Erscheinung als Organismus nicht mehr als *"scheinbare Erscheinung"* (korrekter Spirisprech für Dogmatiker, Fanatiker und Fetischisten), sondern als DAS LEBEN AN SICH in permanenter Wechselwirkung seiner Bestandteile: die Sauerstoffatome, die gerade noch vor Deinen Augen tanzten, werden beim Einatmen Bestandteil des eigenen Blutes, das das Gehirn mit der notwendigen Nahrung versorgt, und sind damit für kurze Zeit Aspekte der Identität! Wenn sie dann wieder ausgeatmet wurden, hat sich die Konsistenz des Blutes wieder verändert und es gibt wieder Atome, die nicht mehr zur Identität des körperlichen Erscheinungsbildes gehören. **Auf diese Weise (Einatmen & Ausatmen) besteht die Existenz in jedem Moment aus einer sich permanent wandelnden Atomk...OM...bination anstatt aus einer statischen Plastikhülle mit einer Managerseele im Zentrum der Hülle. Die Hülle ist hohl und managt sich selbst.** Wenn Du nun wieder in einen Spiegel schaust, siehst Du nicht nur ein ganz und gar leeres, gesichtsloses Spiegelbild, sondern Du siehst auch tatsächlich ein hautloses, sich permanent wandelndes Antlitz, das aus sämtlichen Atomen besteht, die sich in dieser Gegend jetzt gerade aufhalten, und gleich schon wieder in andere Gegenden weggedriftet sind. **Dein absolutes Seelengesicht wird erkannt als ein ständiges Kommen und Gehen, Hinzufügen und wieder Zerfließen von allen Atomen, die um sich selbst tanzen!** MEHR IST DA NICHT. MEHR BRAUCHT ES NICHT. Die Null ist ein leuchtendes, grenzenloses Nichts, das aus allem besteht, was möglich ist. KEIN EXTERNES "POTENZIAL", KEINE "QUELLE" FÜR EINEN STROM, KEIN "SELBST" ALS LENKER DES WAGENS. Der Wagen rollt nur, weil er vier Räder hat! Das Leben ist wie ein Omnibus ohne Dach: weder innen noch außen, Luft überall und ES ROLLT! ES STRÖMT! ES ATMET!

WER versteht hier überhaupt irgendetwas? Der Verstand VERSTEHT, nur ER hat verstanden. Die WER-Fangfragen werden prinzipiell nicht vom Ego als solche erkannt, weil sich das Ego sofort als DIE KOMPLETTE PERSON angesprochen fühlt, also dieses abstrakte Geistgespenst mit Deiner UNENDLICHEN ANWESENHEIT verwechselt. Das ist in gewisser Weise tragisch: **wir wurden seit Jahrtausenden im Zivilisationsprozess darauf konditioniert, dass es ein Objekt zu dem Wort "ich" gäbe, von dem aus wir alles wahrnähmen. WER allerdings genauer hinschaut, WER da eigentlich denkt, stellt ohne großartige Erleuchtung sofort fest: nur das Denken denkt selber das Wort "ich" — mehr ich ist da schlichtweg nirgends.** Von daher ist jeder Gedanke selbstredend der nächste Gedanke, ohne dass "JEMAND" aus einem Pool von Gedanken "SEINEN" Favoriten auswählen könnte, als wäre er ein *"Denker hinter den Gedanken"* (Anspielung auf Alan Watts, der das bereits vor vielen Jahrzehnten beschrieb) — und wenn der Gedanke "ich" lautet, so IST DIES der nächste Gedanke. **Das ganze Spiel ist so simpel und lächerlich leicht, dass es wirklich tragisch ist, dass die Mehrheit der Menschheit trotzdem meint, es gäbe ein Ich AUSSERHALB des Denkens, "DAS" dieses Denken denkt.** Und dann beginnt man, damit Geld zu machen, seinen Brüdern und Schwestern einzureden, man hätte gewaltige Methoden zu bieten, das Denken durch Meditation abzuschalten, weil jeder glaubt, dadurch "sein" bzw. "ihr" Ich loszuwerden, "dessen" Denken dieses Ich an den Rande des Wahnsinns denkt, weil es darüber hinaus glaubt, das Denken sei eins mit den SINNEN, die darum das Leben nicht "direkt" spürten sondern nur zerdenken würden (man kriegt schon beim Lesen hier einen Knoten im Kopf, nicht wahr?). Dem Bewusstsein wurde geschickt eingeredet (quasi kollektivhypnotisch), es sei IDENTISCH mit seiner Fähigkeit zu denken und daher identisch mit dem Ich und deshalb von seinen direkten Sinnesempfindungen als Wahrheitsorgane oder zumindest von einem ominösen siebten Sinn oder dritten Auge oder fünftausendsten Reinkarnationsmedial-channelsensor entfremdet (nun haben endlich alle Leser einen erleuchteten Knoten im Hirn!). Um einmal eine "persönliche" Anekdote dazu zu erzählen (weil man mir in letzter Zeit oft aufgrund meines nüchternen psychophilosophischen Stils Kaltherzigkeit und Lieblosigkeit vorwarf): Es gab auch bei "mir" emotionale Lehrjahre, frühe Jahre in "meinem eigenen Prozess", wo ich STUNDENLANG SCHRIE UND HEULTE, als mir bewusst wurde, dass es "mich" nicht gab und zugleich sah, dass ALLE UM MICH HERUM (sogar mein eigener Vater Paul mit seinem DAMALIGEN fetten Guru-Ego!) diesem aberwitzigen Irrglauben aufgesessen waren. Als dann die letzten Reste (*"Ego-Echos"* nannte das letztens ein Facebookfreund) meines Ichgefühls verpufft waren, hörte natürlich automatisch auch das Gejammer des Ichs selber auf und meine Nerven beruhigten sich und mein Körper entspannte. **Was blieb, ist bis heute nichts weiter als ein "direkt-spürender" Mensch aus Haut und Haar, der immer den "nächsten" (naheliegendsten oder abwegigsten) Gedanken DENKEN KANN, weil sein Verstand ein Bestandteil seines gesamten Organismus IST.**

ALLES NUR SCHEINBAR?
NEIN: ALLES ABSOLUT ECHT!

Auch das sogenannte Bewusstsein, die Wahrnehmung selber, existiert nur "scheinbar", wenn es typisch spirituell dualistisch formuliert wird, denn es spielt keine Rolle, ob Du DAS SEIN als "illusionäre Matrix" oder als "total wahr" empfindest: solange Du einen Gegensatz zum Sein erfindest (z.B. Nichtsein), ist dieser SCHEINBARE Gegensatz ebenfalls genau das, als was Du das Sein empfindest, denn ALLES WAHRGENOMMENE (bingo: sogar die Wahrnehmung selbst!) ist ein Teil des unendlichen Seins. **Erst die banale Erkenntnis dieser schein-paradoxen Identität von Sein und Nichts aufgrund der Unendlichkeit befreit das Ich von seinem klein-karierten Denken in begrenzten (Gedanken-) Objekten. Jetzt wird die Welt MITSAMT IHRER SELBSTWAHR-NEHMUNG durch Dich in Deiner Wahrnehmung absolut echt, ebenso echt wie die Wahrnehmung selbst. Das Bewusstsein IST die Welt. Es gibt keine Wahrnehmung ohne Welt. Es ist die Welt, die sich selber wahr-nimmt!** Es gibt kein abgespaltenes, stilles, leeres, urberuhigtes "Nichts". Die Welt IST das Nichts. Das Bewusstsein IST die Leere (mitsamt aller Bewusstseinsinhalte!). Der Wunsch nach einem paradiesischen Nirvana ist nur ein romantischer Aberglaube des totaldissoziierten Spaltspiris. DAS WUNDER "WAHRNEHMUNG= WELT=WAHRNEHMUNG" ENTDECKT SICH JETZT SELBST. **Objekte sind nicht mehr "scheinbar" sondern Objekte. Der Tod ist nicht scheinbar sondern der TOD. Alles IST, was es ist.** Der Raum der Wahrnehmung IST die Welt – der Raum der Welt IST Wahrnehmung. Das sind keine dualistischen Gegensätze. Welt und Wahrnehmung SIND IDENTISCH. *"Bleib in der Wahrnehmung"* heisst: bleib in der Welt! SEI DIE WELT! **Spür Dein unendliches Ichgefühl in allen Strukturen, die wahrnehmbar sind. Alles, was Du JETZT wahrnimmst, IST "ich".** Du kannst es auch "du" nennen, denn da ist keine Person namens Ich, die Du sagt. Da ist NUR die Wahrnehmung an sich, die sich ich oder du nennt. Wenn Du das jetzt mit dem esoterischen "Oneness"-Quatsch verwechselst, hast Du DIESEN Text noch nicht gelesen. GEHE ZURÜCK AUF START und beginne ihn nochmals zu lesen. So oft, bis Du verstehst, dass die Wahrheit "weder eins noch zwei" ist, weder getrennt noch verschmolzen.

Dein Ego trennt und verschmilzt! Deine egobefreite WAHRNEHMUNG (BEWUSST-HEIT) nimmt einfach nur ALLES WAHR. Alles steht ganz für sich. Alles ruht in sich selbst. Alles ist reiner Selbstzweck: Nullyoga...

Das Buch *ZERO MEDITATION* enthält alle englischen Essays...

"Unsere Taten, unsere Gefühle, unsere Gedanken und unsere Empfindungen kommen aus sich heraus, so wie der Regen fällt und wie das Wasser durch ein Tal fließt. Und ich bin weder ein passiver und hilfloser Zeuge, dem dies alles geschieht, noch ein aktiver Täter und Denker, der alles verursacht und in der Hand hält. 'Ich' ist lediglich die Vorstellung meiner selbst, ein Gedanke unter anderen. Wenn man diesen Gedanken ernst nimmt, erweckt er die Illusion, dass man von der Natur getrennt sei, ein Subjekt, das Objekte ins Auge fasst. Wenn aber das Subjekt eine Illusion ist, dann sind die Objekte keine Objekte mehr. Innerhalb des Schädels und der Haut wie auch außerhalb gibt es nur noch e i n e n Strom, der von selbst dahinfließt."

Alan Watts

Das war das Buch

"m...OM...ent"
Das Leben nach dem spirituellen Burnout

© *www.burnoutyoga.de*

Mit Emojikunst.de von Tanja Lulu Play Nerd

Alle LDL-Texte/Bücher:

www.urruhe.de
www.uryoga.de
www.relaxyoga.de
www.nullyoga.de
www.gott2go.de
www.zero2go.de

Gastbeiträge an:
ligaderleeren@gmail.com